Odilon Soares Leme

A NOVA ORTOGRAFIA

O que muda e o que continua com o novo Acordo Ortográfico da Língua Portuguesa

Dados Internacionais de Catalogação na Publicação (CIP)
(Câmara Brasileira do Livro, SP, Brasil)

Leme, Odilon Soares
  A Nova Ortografia / Odilon Soares Leme. – São Paulo : Barros, Fischer & Associados, 2013.

ISBN 978-85-7711-174-9

1. Português – Ortografia I. Título.

11-03319   CDD – 469.152

Índice para catálogo sistemático:
1. Ortografia : Português : Linguística   469.152

Odilon Soares Leme

A NOVA ORTOGRAFIA

O que muda e o que continua com o novo Acordo Ortográfico da Língua Portuguesa

A NOVA ORTOGRAFIA

Coordenação
Andréa Barros

Projeto gráfico e capa
Flávio Barros Pinto e
Cláudio Scalzite

Preparação e revisão
Marcia Menin

Ilustração da capa
Atômica Studio

Este livro é uma coedição da
Barros, Fischer & Associados
e da Clio Editora, produzida
especialmente para a Laselva,
sob licença editorial do autor.
Copyright © 2014 Barros, Fischer
& Associados Ltda.

Todos os direitos reservados.
Nenhuma parte deste livro
poderá ser reproduzida por
fotocópia, microfilme, processo
fotomecânico ou eletrônico sem
permissão expressa dos editores.

1.ª EDIÇÃO
9.ª tiragem ◆ Maio / 2014

Endereços
Barros, Fischer & Associados Ltda.
Rua Ulpiano, 86 – Lapa
São Paulo, SP
CEP 05050-020
Tel./fax: 0 (xx) 11 3675-0508

Clio Editora
Av. Paulista, 967 – 14º andar
Conjunto 9 – São Paulo, SP
CEP 01311-100

Impressão e acabamento
Yangraf

Caro leitor
O conteúdo deste livro foi
publicado originalmente
como ***Resumão***.
Os tópicos foram revistos
pelo autor, especialmente
para esta edição.

SUMÁRIO

1 A nova ortografia — 7
2 Acentuação gráfica — 11
  Noções prévias — 11
    1. Sílaba — 11
    2. Sílaba tônica — 12
    3. Classificação quanto à sílaba tônica — 13
    4. Ditongo — 13
    5. Hiato — 15
    6. Por que o acento em certas palavras — 15
    7. Acento e timbre da vogal tônica — 17
  Regras de acentuação — 17
    Lembrete inicial — 17
    I. Proparoxítonas — 19
    II. Paroxítonas — 22
    III. Oxítonas — 33
    IV. Regra do *i* e do *u* tônicos em hiato — 39
    V. Acentos diferenciais — 44
    VI. O trema e o acento agudo no *u*
        dos grupos *gue*, *gui*, *que*, *qui* — 47
    VII. O acento grave (`) — 53
    VIII. O til (~) nas palavras derivadas — 53

3 Emprego do hífen   55
  I. O hífen em vocábulos compostos   55
    1. Vocábulos compostos pela justaposição de duas palavras   55
    2. Nomes próprios de lugares   58
    3. Espécies botânicas ou zoológicas   59
    4. Locuções de qualquer tipo   59
    5. Encadeamentos vocabulares   61
  II. O hífen nos vocábulos em que o primeiro elemento é um prefixo ou falso prefixo   61
    1. Regra geral   62
    2. Prefixo ou falso prefixo terminado em vogal   63
    3. Sempre separados por meio de hífen   66
    4. Casos especiais   68
  III. Hífen com sufixo   74
4 As consoantes mudas   75
  1. Conservam-se as proferidas nas pronúncias cultas   75
  2. Eliminam-se as que são mudas nas pronúncias cultas   75
  3. Fica facultativo   76
Comentário final   80

1. A Nova Ortografia

Em 1.º de janeiro de 2009, começou a vigorar, de forma facultativa, o novo Acordo Ortográfico. Deveria entrar em vigor de forma obrigatória em 1.º de janeiro de 2013.

Mas, em dezembro de 2012, a presidente Dilma assinou decreto prorrogando esse prazo até 1.º de janeiro de 2016. Assim, se você quiser, poderá continuar escrevendo pela ortografia antiga até lá.

No entanto, a partir daí o Acordo deverá ser obrigatoriamente seguido. Só a partir daí, portanto, vestibulares e concursos públicos poderão exigir o conhecimento e a aplicação das novas regras.

Convém saber, porém, que os jornais, as revistas, os *sites*, os dicionários e outros livros – didáticos ou não – já circulam com a nova ortografia.

Quanto mais cedo você ficar por dentro das novas regras, melhor será para você.

Este livro apresenta tudo o que você deve saber para começar, se quiser, a escrever segundo as novas regras.

Para sua tranquilidade, tenha em mente as seguintes observações:

1. As novas regras dizem respeito basicamente a três aspectos:

a) a acentuação das palavras;
b) o emprego do hífen;
c) as consoantes mudas.

2. Segundo os especialistas, as modificações impostas pelo Acordo só atingirão 0,5% das palavras mais usuais no Brasil. Já em Portugal, quase 2% das palavras em uso sofrerão alguma modificação determinada pelo Acordo. Entende-se, assim, por que a resistência à adoção do Acordo tem sido bem maior em Portugal que no Brasil.

3. O Acordo, que deveria unificar a ortografia em todos os países de fala portuguesa, acabou na verdade oficializando algumas diferenças. Assim, em certos casos, o Acordo aceita como corretas duas grafias.

Por exemplo, você continuará a escrever *econômico* (com acento circunflexo), mas os portugueses poderão também continuar a escrever *económico* (com acento agudo), pois as duas grafias serão tidas como oficiais e, portanto, corretas.

Da mesma forma, passam a ser consideradas oficiais e, portanto, corretas as grafias com ou sem a consoante muda em palavras como *aspecto* e *aspeto*, *facto* e *fato*, *sector* e *setor*...

A razão dada pelo Acordo é que, com isso, a grafia respeitará pronúncias, normais e correntes, tidas como pertencentes à norma culta da língua no sentir dos falantes das diversas regiões que a adotam.

Neste livro, sempre que duas formas forem aceitas como corretas, ambas serão registradas separadas por uma barra:

econômico/económico,
aspecto/aspeto,
facto/fato,
sector/setor.

4. Assim, algumas dúvidas só poderão ser resolvidas com a consulta ao **Vocabulário Ortográfico da Língua Portuguesa (Volp)**, 5.ª edição, dado a público no dia 19 de março de 2009. Trata-se do dicionário oficial, publicado pela Academia Brasileira de Letras. É a ele que cabe dar a última palavra nos casos de interpretação dúbia do texto do Acordo.

2 ACENTUAÇÃO GRÁFICA

Noções prévias

Para compreender e aplicar corretamente as normas ditadas pelo Acordo, convém lembrar alguns conceitos básicos:

1. Sílaba

É um som ou grupo de sons que emitimos num só impulso de voz (numa única expiração).

De acordo com o número de sílabas, as palavras podem ser:

a) monossílabos (uma só sílaba):
chá, fé, só, vez, véu, eu, mim;
b) dissílabos (duas sílabas):
sa-po, ca-sa, cra-chá, ven-da, gen-te, va-mos, ve-loz;
c) trissílabos (três sílabas):
ga-ve-ta, va-ran-da, pân-ta-no, mi-la-gre, jan-ta-mos;

d) polissílabos (mais de três sílabas):
*pe-re-gri-no, ma-te-má-ti-ca,
can-di-da-to, gen-til-men-te,
e-xa-mi-ná-va-mos.*

2. Sílaba tônica

É a sílaba que na palavra é pronunciada com maior intensidade e mais demora que as outras.

Com exceção de uns poucos vocábulos (chamados **átonos**), todas as palavras têm uma sílaba tônica:
*so-**fá**, ja-ca-**ré**, ta-**tu**,
me-sa, cer-**te**-za, im-**pé**-rio,
úl-ti-mo, **pró**-xi-mo, i-**ló**-gi-co.*

Observação
Como se vê, em cada palavra só existe uma sílaba tônica.
As demais chamam-se sílabas **átonas**.

3. Classificação quanto à sílaba tônica

De acordo com a posição da sílaba tônica, as palavras se dividem em:

a) **oxítonas** (a tônica é a última sílaba):
   cra-**chá**, pon-ta-**pé**,
   ci-**pó**, a-**li**, ta-**tu**;
b) **paroxítonas** (a tônica é a penúltima sílaba):
   me-sa, cer-**te**-za,
   tem-plo, im-**pé**-rio;
c) **proparoxítonas** (a tônica é a antepenúltima sílaba):
   úl-ti-mo, **pró**-xi-mo,
   i-**ló**-gi-co, in-**tré**-pi-do.

4. Ditongo

Em cada sílaba só pode haver uma vogal. Quando aparecem duas vogais na mesma sílaba, na realidade não são duas vogais, mas uma vogal e uma semivogal. Dá-se o nome de **semivogal** aos sons "i" e "u" que aparecem ao lado de uma vogal na mesma sílaba.

O encontro de uma vogal com uma semivogal chama-se **ditongo**. Veja os ditongos assinalados nas seguintes palavras:
*p**ei**-xe, cha-p**éu**, an-d**ei**, ca-d**ei**-ra,
len-ç**óis**, pa-p**ai**, ma-m**ãe**,
ou-sar, má-g**oa**, po-r**ão**, his-tó-r**ia**,
sé-r**ie**, re-sí-d**uo**.*

Como se observa, a semivogal /i/ pode ser representada pela letra "i" (*pa-p**ai***) ou pela letra "e" (*ma-m**ãe***); a semivogal /u/ pode ser representada pela letra "u" (*cha-p**éu**, **ou**-sar*) ou pela letra "o" (*má-g**oa**, po-r**ão***).

O ditongo é **decrescente** quando primeiro vem a vogal e depois a semivogal, como em *p**ei**-xe, cha-p**éu**, an-d**ei**, ca-d**ei**-ra, len-ç**óis**, pa-p**ai**, ma-m**ãe**, **ou**-sar, po-r**ão***.

O ditongo é **crescente** quando primeiro vem a semivogal e depois a vogal, como em *má-g**oa**, his-tó-r**ia**, sé-r**ie**, re-sí-d**uo***.

O Acordo chama de "proparoxítonas aparentes" essas palavras paroxítonas que terminam em ditongo crescente.

5. Hiato

Quando numa palavra duas vogais estão uma ao lado da outra, mas pertencendo cada uma a uma sílaba diferente, diz-se que temos um **hiato**. Nesse tipo de encontro vocálico, cada vogal é proferida numa distinta emissão de voz.

É o que se pode observar em *sa-ú-va, vi-ú-va, sa-í-da, re-ú-ne, sa-ir, ru-im, hi-gi-e-ne*.

6. Por que o acento em certas palavras

Como já vimos, com pouquíssimas exceções, todas as palavras têm uma sílaba tônica. Mas não é verdade que toda sílaba tônica deva ser graficamente acentuada. O acento é uma exceção. Ele assinala o que, por assim dizer, foge à normalidade. Trata-se de uma questão de estatística. Vamos entender.

As palavras terminadas nas vogais **a**, **e** e **o**, seguidas ou não de **s**, são na maioria **paroxítonas**. Basta lembrar algumas delas:

- *abelha, borboleta, caçarola,*
  carcaça, cebola, cultura,
  dama, enchova, força,
  grama, idiota, janela,
  jarra, lagarta, novela,
  pata, patroa, peruca, pomba,
  quota, trombeta, tulipa, violeta;
- *bigode, bosque, bule,*
  catorze, dentes, disparate,
  flexibilidade, gaze, hecatombe,
  neve, tapete, tigre, xale;
- *confuso, cortejo, corvo,*
  cotovelo, forno, lacaio,
  ninho, novelo, ouriço,
  ovo, pepino, perplexo,
  pescoço, polido, quero,
  rosto, soluço, suspiro, uivos,
  veludo, verso, vidro.

Isso significa que, no universo das palavras terminadas nas vogais **a**, **e** e **o**, seguidas ou não de **s**, as **oxítonas** constituem a minoria. Então se marca a tônica dessa minoria com acento, como em *sofá(s)*, *café(s)*, *robô(s)*.

Como as palavras **proparoxítonas** são minoria na língua, todas são acentuadas, como *xícara*, *príncipe*, *múltiplo*.

Portanto: as regras de acentuação servem para caracterizar os casos em que certas palavras, que são minoria dentro de um conjunto, devem ser acentuadas.

7. Acento e timbre da vogal tônica

Além de assinalarem a sílaba tônica, os acentos servem também para indicar o timbre da vogal tônica. O acento agudo (´) indica timbre aberto, como em *sofá*, *café*, *cipó*, e o acento circunflexo (^) indica timbre fechado, como em *cânon*, *ipê*, *robô*.

Regras de acentuação

Lembrete inicial

Já dissemos que, para contemplar diferenças de pronúncia entre Portugal e Brasil, o Acordo aceita, em certos casos, duas grafias. No que diz respeito à acentuação gráfica, fica optativo o emprego do acento circunflexo ou agudo em dois casos:

a) em algumas palavras oxítonas terminadas em **e**, como *guichê/guiché, crochê/croché, bidê/bidé*;
b) quando, em palavras proparoxítonas e paroxítonas, as vogais tônicas **e** e **o**, em final de sílaba, forem seguidas das consoantes nasais **m** ou **n**, como *tênis/ténis, ônus/ónus, fêmur/fémur, fenômeno/fenómeno, gênero/género*.

Sempre que isso ocorrer, registraremos aqui ambas as formas ligadas por uma barra, como fizemos acima.

Mas, embora as duas formas sejam tidas como corretas, o **Vocabulário Ortográfico da Língua Portuguesa**, 5.ª edição, registra, em geral, apenas as formas com circunflexo, já que elas é que representam a pronúncia usual no Brasil.

I. Proparoxítonas

As palavras proparoxítonas devem **todas** ser acentuadas.

Exemplos do Acordo:
*árabe, cáustico, Cleópatra,
esquálido, exército, hidráulico,
líquido, míope, músico, plástico,
prosélito, público, rústico, tétrico,
último; anacreôntico, brêtema,
cânfora, cômputo, devêramos* (de *dever*),
*dinâmico, êmbolo, excêntrico,
fôssemos* (de *ser* e *ir*), *Grândola,
hermenêutica, lâmpada, lôstrego,
lôbrego, nêspera, plêiade,
sôfrego, sonâmbulo, trôpego.*

Outros exemplos:
*ângulo, ânimo, árvore, autóctone,
ávido, binóculo, brócolis,
cantávamos, cólera, crisálida,
ênfase, esplêndido, esporádico,
estávamos, fôlego, hálito, hipótese,*

*íamos, ídolo, ínterim, lânguido,
lógica, lúcido, mandíbula, mínimo,
número, obstáculo, partícula,
pêsames, pétala, protótipo, próximo,
réplica, ríspido, simbólico, símbolo,
súbito, tímido, xícara.*

O Acordo inclui entre as proparoxítonas as palavras que terminam em ditongo crescente, chamadas de "proparoxítonas aparentes".

Exemplos do Acordo:
*álea, náusea; etéreo, níveo;
enciclopédia, glória;
barbárie, série; lírio, prélio;
mágoa, nódoa; língua;
exíguo, vácuo; amêndoa,
argênteo, côdea, Islândia,
Mântua, serôdio.*

O QUE MUDA nas proparoxítonas

A única mudança que o Acordo introduz na acentuação das proparoxítonas é a possibilidade de usar o acento agudo ou circunflexo em palavras nas quais a vogal tônica **o** ou **e**, em final de sílaba, é seguida das consoantes nasais **m** ou **n**. Com isso, pretende-se tornar oficiais pronúncias que diferem de país para país em que se fala o português.

Exemplos do Acordo:
acadêmico/académico,
anatômico/anatómico,
cênico/cénico,
cômodo/cómodo,
fenômeno/fenómeno,
gênero/género,
topônimo/topónimo;
Amazônia/Amazónia,
Antônio/António,
blasfêmia/blasfémia,
fêmea/fémea,
gêmeo/gémeo,
gênio/génio,
tênue/ténue.

Veja mais algumas palavras às quais se aplica o mesmo princípio:

antônimo/antónimo,
atônito/atónito,
canônico/canónico,
cômico/cómico,
econômico/económico,
ecônomo/ecónomo,
eufônico/eufónico,
incômodo/incómodo,
lacônico/lacónico,
ônibus/ónibus,
sinônimo/sinónimo,
trêmulo/trémulo.

Mas é evidente que no Brasil continuaremos a grafar essas palavras com acento circunflexo.

II. Paroxítonas

As palavras paroxítonas são acentuadas quando:

1. terminadas em **ditongo**, de qualquer tipo, seguido ou não de **s**:

Exemplos do Acordo:
- **com acento agudo:**
  *acórdão, acórdãos, órfão, órfãos,
  órgão, órgãos, sótão, sótãos,
  hóquei, hóqueis, jóquei, jóqueis,
  amáveis* (pl. de *amável*),
  fáceis (pl. de *fácil*),
  fósseis (pl. de *fóssil*),
  amáreis (de *amar*), *amáveis* (id.),
  cantaríeis (de *cantar*),
  fizéreis (de *fazer*), *fizésseis* (id.);
- **com acento circunflexo:**
  *bênção(s), côvão(s), Estêvão,
  zângão(s), devêreis* (de *dever*),
  escrevêsseis (de *escrever*),
  fôreis (de *ser* e *ir*), *fôsseis* (id.),
  pênseis (pl. de *pênsil*).

Poderiam, também, ser incluídas nesta regra as paroxítonas terminadas em ditongo crescente, que o Acordo classifica como "proparoxítonas aparentes":
*água, alívio, aparência, aquário,
auxílio, comentário, espécie,
fúria, horário, início, instantâneo,*

*língua, longínquo, mágoa, memória,
murmúrio, névoa, oblíquo, paciência,
pilhéria, princípio, relógio, sábio,
série, solitário, telescópio.*

Observação
Como a tônica **o** está em final de sílaba e
é seguida da consoante nasal **n**, o Acordo
admite tanto o acento circunflexo como
o agudo em *pônei/pónei*. Nosso **Volp**,
porém, só registra *pônei*.

2. terminadas em **-l, -n, -r, -x, -ps**:

Exemplos do Acordo:
- **com acento agudo:**
  *amável, Aníbal, dócil,
  dúctil, fóssil, réptil;
  cármen, dólmen, éden,
  líquen, lúmen; açúcar,
  almíscar, cadáver,
  caráter/carácter, ímpar;
  Ájax, córtex, index,
  tórax; bíceps, fórceps;*

- **com acento circunflexo:**
  cônsul, pênsil, têxtil;
  cânon, plâncton, plânctons;
  aljôfar, âmbar, Câncer,
  Tânger; bômbax, bômbix.

Outros exemplos:
afável, desagradável, difícil,
frágil, hábil, imóvel, insolúvel,
insustentável, inútil, possível,
têxtil, túnel, útil, visível;
gérmen, hífen; câncer, díspar,
dólar, éter, pulôver, revólver;
cálix, clímax, látex, sílex; Quéops.

Observações
- Como as vogais tônicas **e** e **o** estão no final da sílaba e são seguidas das consoantes nasais grafadas **m** ou **n**, o Acordo aceita tanto o acento circunflexo como o agudo em palavras como *sêmen/sémen, xênon/xénon, fêmur/fémur, vômer/vómer, Fênix/Fénix, ônix/ónix.*

Mas é lógico que no Brasil continuaremos a empregar o acento circunflexo: *sêmen, xênon, fêmur, vômer, Fênix, ônix*.

◆ As paroxítonas terminadas em **-en**, como *gérmen, éden, líquen, hífen*, no plural perdem o acento: *germens, edens, liquens, hifens*.

Como, porém, o Acordo acolhe o par *plâncton/plânctons*, deve-se deduzir que também as outras paroxítonas terminadas em **-on** mantêm o acento no plural. Portanto, o plural de *próton, elétron, íon* e *nêutron* deve ser grafado, respectivamente, *prótons, elétrons, íons* e *nêutrons*. (Como a palavra *cânon* tem a forma variante *cânone*, faz o plural *cânones*.)

3. terminadas em **-ã/-ãs, -i/-is** ou **-us**:

Exemplos do Acordo:
- **com acento agudo:**
 órfã, órfãs, beribéri, beribéris, bílis, íris, júri, júris, oásis, húmus, vírus;

- **com acento circunflexo:**
  dândi(s), Mênfis, ânus.

Outros exemplos:
dólmã, dólmãs, ímã, ímãs, biquíni, biquínis, cáqui (cor)*, cútis, grátis, lápis, pélvis, táxi, táxis, lótus.*

Observação
Como as vogais tônicas **e** e **o** estão no final da sílaba e são seguidas das consoantes nasais grafadas **m** ou **n**, o Acordo aceita tanto o acento circunflexo como o agudo em palavras como *pênis/pénis, tênis/ténis, bônus/bónus, ônus/ónus, tônus/tónus, Vênus/Vénus.*
É evidente que no Brasil continuaremos a escrever com circunflexo: *pênis, tênis, bônus, ônus, tônus, Vênus.*

4. terminadas em **-um** ou **-uns**:

Exemplos do Acordo:
álbum, álbuns, fórum, fóruns.

Outros exemplos:
*factótum, factótuns,
memorândum, memorânduns,
ultimátum, ultimátuns.*

O QUE MUDA — nas paroxítonas

1. Já anotamos, nas regras correspondentes, os casos em que a mudança consiste na aceitação da palavra grafada tanto com acento circunflexo como com agudo.

2. **Não mais se marca com acento circunflexo o primeiro *o* das paroxítonas terminadas em *-oo*, quer se trate de substantivo, quer de forma verbal.** Embora o Acordo não cite expressamente o plural dos substantivos, deve-se entender que o acento deixa de existir também com a terminação **-oos**.

Exemplos do Acordo:
abençoo, enjoo, povoo, voo.

Antes se escrevia:
vôo, vôos, enjôo, enjôos, ressôo, perdôo, povôo, corôo, abençôo, abotôo, amontôo, magôo.

Agora se escreve:
voo, voos, enjoo, enjoos, ressoo, perdoo, povoo, coroo, abençoo, abotoo, amontoo, magoo.

Observação
Não havia e continua não havendo acento nas paroxítonas terminadas em **-oa(s)**. Escreve-se, portanto, *coroa, perdoa, Lisboa, pessoas, abençoas, patroa...*

3. **Não mais se marca com acento circunflexo o primeiro *e* das terminações *-eem* das formas verbais da 3.ª pessoa do plural do**

presente do indicativo dos verbos *crer, ler* e *ver*, e da 3.ª pessoa do plural do subjuntivo do verbo *dar*, o mesmo ocorrendo com os derivados desses verbos.

Exemplos do Acordo:
creem, deem, descreem, desdeem, leem, preveem, redeem, releem, reveem, tresleem, veem.

Antes se escrevia:
antevêem, entrevêem, treslêem.

Agora se escreve:
anteveem, entreveem, tresleem.

4. Não mais se acentuam os ditongos abertos tônicos *ei* e *oi* das palavras paroxítonas. A justificativa do Acordo é que existe oscilação em muitos casos entre o fechamento e a abertura na sua articulação.

Exemplos do Acordo:
assembleia, boleia, ideia; coreico, epopeico, onomatopeico, proteico; alcaloide, apoio (do verbo *apoiar*), *boia, comboio, comboias* (do verbo *comboiar*), *estroina, heroico, introito, jiboia, moina, paranoico, zoina.*

Antes se escrevia:
centopéia, diarréia, diarréico, estréia, européia, geléia, platéia, debilóide, esferóide, estóico, ovóide.

Agora se escreve:
centopeia, diarreia, diarreico, estreia, europeia, geleia, plateia, debiloide, esferoide, estoico, ovoide.

Observação
Como veremos, os ditongos abertos **éis**, **éu(s)** e **ói(s)** continuarão a ser acentuados nas palavras oxítonas e nos monossílabos tônicos, como *anéis, herói, heróis; véu, véus, dói*.

Comentário

Com a supressão do acento nos ditongos abertos **ei** e **oi** das palavras paroxítonas, não mais poderemos contar com a acentuação gráfica para resolver dúvida sobre a pronúncia aberta ou fechada de palavras como *estoico, estroina, apneico...* Mas o **Vocabulário Ortográfico**, 5.ª edição, resolve esse problema colocando entre parênteses, em seguida à palavra, a letra *é* ou *ó* para indicar, quando for o caso, a pronúncia aberta: *estoico (ó), estroina (ó), apneico (é)*. No caso de as duas pronúncias serem aceitas, ambas são registradas, como acontece com *colmeia (é* ou *ê)*.

III. Oxítonas

As oxítonas são acentuadas quando:
1. terminadas nas vogais **a**, **e** ou **o**, seguidas ou não de **s**. Quando o som for aberto, acento agudo; som fechado, acento circunflexo.

Exemplos do Acordo:
- **com acento agudo:**
  está, estás, olá; até, olé, pontapé(s); avó(s), dominó(s), paletó(s);
- **com acento circunflexo:**
  cortês, dê, dês, lê, lês, português, você(s); avô(s), robô(s).

Outros exemplos:
Amapá, apôs (do verbo *apor*), *após, através, café, chalé, chaminé, compôs, cortês, faraó, faraós, francês, jiló, libré, maré, ouvirás, prevês, revés, Satanás, tricô, viés.*

Incluem-se nesta regra de acentuação:

a) os **monossílabos tônicos** (com as mesmas terminações):
Exemplos do Acordo:
já, é, és, só(s), pôs.

Outros exemplos:
chá, dás, dó, fé, mês,
crê, crês, pôs (do verbo *pôr*),
nó, nós, pá, pó, três, vê, vós.

b) as **formas verbais** ligadas por hífen a pronomes átonos (**-lo[s]** e **-las[s]**), estejam eles em ênclise ou em mesóclise:

Exemplos do Acordo:
adorá-lo(s), dá-la(s),
fá-lo(s), fá-lo(s)-ás,
habitá-la(s)-iam, trá-la(s)-á,
detê-lo(s), fazê-la(s),
fê-lo(s), vê-la(s), compô-la(s),
repô-la(s), pô-la(s).

Outros exemplos:
*curvá-lo, entregá-lo-íamos,
executá-los, vê-la, fazê-lo,
impô-lo, mandá-lo,
procurá-lo, sufocá-lo.*

2. terminadas em **-em** ou **-ens**, de mais de uma sílaba:

Exemplos do Acordo:
*acém, detém, deténs,
entretém, entreténs,
harém, haréns, porém,
provéns, também.*

Outros exemplos:
*ninguém, alguém, refém,
reféns, parabéns, vintém, vinténs,
desdém, Belém, mantém, manténs.*

Observações
◆ Exceção: apesar de terem apenas uma sílaba, acentuam-se as formas verbais do plural *têm* (verbo *ter*) e *vêm* (verbo *vir*) para se distinguirem das

respectivas formas do singular *tem* e *vem*. Assim, teremos: *ele tem, eles têm; ele vem, eles vêm*.

◆ Quando se tratar de verbos derivados de *ter* e *vir* (como *conter, deter, manter, reter; provir, advir, intervir*), a 3.ª pessoa do plural do presente do indicativo será marcada com acento circunflexo.
Então teremos:
- *tu deténs, ele detém,* mas *eles detêm*;
- *tu manténs, ele mantém,* mas *eles mantêm*;
- *tu provéns, isto provém,* mas *estas coisas provêm*;
- *tu interténs, ele intervém,* mas *eles intervêm*.

Exemplos do Acordo:
retêm, sustêm, advêm, provêm.

O QUE MUDA — nas oxítonas

1. Diante do que o Acordo prescreve, deve-se registrar mais uma regra específica para a acentuação das oxítonas: **acentuam-se as palavras oxítonas terminadas nos ditongos abertos -éis, -éu(s) ou -ói(s), incluindo-se os monossílabos tônicos.**

Exemplos do Acordo:
anéis, batéis, fiéis, papéis;
céu(s), chapéu(s), ilhéu(s), véu(s);
corrói, herói(s), remói, sóis.

Outros exemplos:
pincéis, tonéis, painéis; troféu, troféus; anzóis, caracóis, corróis, dói, faróis.

A razão é que, como vimos, não mais se acentuarão os ditongos **-ei** e **-oi** das palavras paroxítonas. O acento nesses ditongos abertos torna-se, portanto, exclusivo das oxítonas.

2. Segundo o Acordo, algumas poucas palavras oxítonas terminadas em **e** tônico, geralmente provenientes do francês, por serem articuladas, nas pronúncias cultas, ora como fechadas, ora como abertas, admitem tanto o acento circunflexo como o agudo.

Exemplos do Acordo:
bebê/bebé, bidê/bidé, canapê/canapé, caratê/caraté, crochê/croché, guichê/guiché, matinê/matiné, nenê/nené, ponjê/ponjé, purê/puré, rapê/rapé.
O **Volp**, 5.ª edição, registra também *sapê/sapé* e *ipê/ipé*.

Observação
O Acordo traz ainda *cocô/cocó, rô/ró* (nome de uma letra grega) e, completamente fora do contexto, diz que "igualmente" são admitidas formas como *judô*, a par de *judo*, e *metrô*, a par de *metro*. (Com isso, o Acordo parece fazer uma "concessão" a nós, brasileiros, já que *judo* e *metro* são as formas usadas em Portugal.)

IV. Regra do *i* e do *u* tônicos em hiato

Quando haverá acento no hiato?
Haverá acento no segundo elemento do hiato apenas quando se verificarem simultaneamente quatro condições:

1. o segundo elemento do hiato for **i** ou **u**;
2. a tônica da palavra incidir sobre essas vogais;
3. essas vogais estiverem sozinhas na sílaba ou acompanhadas de **s**;
4. essas vogais não forem seguidas de **nh**.

Exemplos do Acordo:
adaís (pl. de *adail*), *aí*,
atraí (de *atrair*), *baú*,
caís (de *cair*), *Esaú*,
jacuí, *Luís*, *país*, etc.;
alaúde, *amiúde*, *Araújo*,
Ataíde, *atraíam* (de *atrair*),
atraísse (id.), *baía*,
balaústre, *cafeína*, *ciúme*,
egoísmo, *faísca*, *faúlha*,

graúdo, influíste (de *influir*),
*juízes, Luísa, miúdo,
paraíso, raízes, recaída,
ruína, saída, sanduíche*, etc.

Veja **outros exemplos**
e observe o preenchimento
das quatro condições:
*sa-ú-va, cu-í-ca,
ru-í-do,* (eu) *ca-í,
sa-ú-de, e-go-ís-ta,
ca-su-ís-mo.*

Observações
◆ A não ocorrência de qualquer uma das quatro condições citadas determinará a não existência de acento no hiato. É o que se verifica, por exemplo, em:
- *ca-o-lho, hi-gi-e-ne, le-vi-a-no*: o segundo elemento do hiato não é nem **i** nem **u**;
- *pro-i-bi-ção, des-tru-i-ção, re-u-ni-ão*: a tônica da palavra não recai no segundo elemento do hiato;

- *sa-**ir**-mos, ru-**im**, o-ri-**un**-do, con-tri-bu-**in**-te, in-clu-**ir**, ju-**iz**, ca-**iu**, pa-**ul***:
  o hiato não está sozinho na sílaba, nem seguido de **s**;
- *ra-**i**-nha, cam-pa-**i**-nha, ta-**i**-nha, mo-**i**-nho*:
  o segundo elemento do hiato é seguido de **nh**.

◆ O acento do hiato se mantém mesmo nas formas verbais com pronomes enclíticos ou mesoclíticos.

Exemplos do Acordo:
atraí-lo(s),
atraí-lo(s)-ia,
possuí-la(s),
possuí-la(s)-ia.

Outros exemplos:
destruí-lo,
destruí-lo-emos,
distraí-lo,
poluí-la,
retribuí-lhe,
excluí-los-íamos,
extraí-los-emos.

◆ O acento no hiato tem por objetivo assinalar que o **i** ou **u** não forma ditongo com a vogal anterior. Como, porém, não existe um ditongo **ii**, escrevem-se sem acento palavras como *xiita*, *xiismo* e *mandriice*.

Nota:
O acento em *cheiíssimo*, *feiíssimo*, *seriíssimo*... não assinala o hiato, mas a sílaba tônica dessas palavras, por serem proparoxítonas.

O QUE MUDA na regra do hiato

Não mais se acentuarão o *i* e o *u* tônicos dos hiatos quando, em palavras paroxítonas, forem precedidos de ditongo.

Exemplos do Acordo:
baiuca, *boiuno*,
cauila (variação de *cauira*).

Outros exemplos:
*fei-u-ra, fei-u-me, rei-u-no,
Sau-i-pe, Bo-cai-u-va.*

Comentário

Curiosamente, o Acordo inclui na lista anterior as palavras *cheiinho* e *saiinha*. Isso é um equívoco, dado que essas palavras já não tinham acento pelo fato de o hiato vir seguido de **nh**.

Observação
Pelo próprio enunciado da regra segundo a qual não se acentua o **i** ou **u** tônico quando precedido de ditongo, fica claro que ela só se aplica a **palavras paroxítonas**. Continuam, pois, acentuadas palavras oxítonas como *Piauí, teiú(s), tuiuiú(s)*, citadas pelo Acordo, e outras, como *sauí*, a menos que, conforme a regra geral, o **i** ou **u** seja seguido de outra letra que não o **s**, como se vê em *cauim* e *sauim*.

V. Acentos diferenciais

Com exceção dos casos apontados nas observações a seguir, o Acordo abole todos os acentos diferenciais.

Antes se escrevia:
- *pára* (do verbo *parar*),
  para (preposição);
- *pêlo* (substantivo),
  pélo (verbo), *pelo* (*por* + *o*);
- *péla*, *pélas* (do verbo *pelar*),
  pela, *pelas* (prep. *por* + *a*/*as*);
- *pólo* (substantivo),
  pôlo (substantivo),
  polo (*por* + *o*);
- *pêra* (substantivo),
  péra (substantivo),
  pera (antiga preposição);
- *côa*, *côas* (do verbo *coar*),
  coa (*com* + *a*).

Agora se escreve, sem nenhum acento:
- *para*
  (seja verbo, seja preposição);
- *pelo*
  (seja substantivo, seja verbo, seja *por* + *o*);
- *pela*, *pelas*
  (seja verbo, seja *por* + *a/as*);
- *polo*
  (seja substantivo, seja *por* + *o*);
- *pera*
  (seja substantivo, seja a antiga preposição);
- *coa*, *coas*
  (seja do verbo *coar*, seja *com* + *a/as*).

Observações

Segundo o Acordo:
◆ são mantidos como **obrigatórios**:
  - o acento diferencial de **tonicidade** que distingue *pôr* (verbo) de *por* (preposição);
  - o acento diferencial de **timbre** que distingue *pôde* (3.ª pessoa do singular do pretérito perfeito) e *pode* (3.ª pessoa do singular do presente do indicativo) do verbo *poder*.

- ◆ passam a existir como **facultativos**:
  - o acento circunflexo em *dêmos* (1.ª pessoa do plural do presente do subjuntivo), para distinguir de *demos* (1.ª pessoa do plural do pretérito perfeito do indicativo do verbo *dar*), e em *fôrma* (timbre fechado), para distinguir de *forma* (timbre aberto);
  - o acento agudo na 1.ª pessoa do plural do pretérito perfeito dos verbos da primeira conjugação: *amámos*, *louvámos*, *jantámos*. A justificativa é que, diferentemente do que ocorre na forma do presente, o timbre da vogal tônica é aberto, nesse caso, em certas variantes do português.

VI. O trema e o acento agudo no *u* dos grupos *gue, gui, que, qui*

1. O trema fica totalmente abolido.

Antes se escrevia:
agüentar, argüição, eloqüente, tranqüilo, freqüência, freqüente, freqüentemente, cinqüenta, argüir, bilíngüe.

Agora se escreve:
aguentar, arguição, eloquente, tranquilo, frequência, frequente, frequentemente, cinquenta, arguir, bilíngue.

Exceção
O trema será mantido apenas nos nomes próprios estrangeiros e seus derivados, como: *Hübner, hübneriano, Müller, mülleriano, Schönberg, schönbergiano...*

2. Com a supressão do trema,
deixa também de existir o acento
agudo sobre o *u* tônico nos grupos
gue, gui, que, qui.

Antes se escrevia:
*tu argúis, ele argúi,
eles argúem; que eu averigúe,
que tu averigúes, que ele averigúe,
que eles averigúem;
que ele apazigúe.*

Agora se escreve:
*tu arguis, ele argui,
eles arguem; que eu averigue,
que tu averigues, que ele averigue,
que eles averiguem;
que ele apazigue.*

Observação
Nesse contexto, o Acordo estabelece que os verbos *aguar, apaniguar, apaziguar, apropinquar, averiguar, desaguar, enxaguar, obliquar, delinquir* e afins, "por oferecerem dois paradigmas", passam a aceitar duas grafias:
- com a tônica no **u**, mas sem acento gráfico:
  *eu averig**u**o, tu averig**u**as,*
  *que eles averig**u**em;*
  *eu enxag**u**o;*
  *eu desag**u**o, que eles desag**u**em;*
- fazendo tônicas as vogais **a** ou **i** do radical e marcando-as com o acento agudo:
  *eu aver**í**guo, tu aver**í**guas,*
  *que eles aver**í**guem;*
  *eu enx**á**guo;*
  *eu des**á**guo, que eles des**á**guem.*

Comentários

1. Essa dupla possibilidade de grafia, oferecida pelo Acordo, não pode significar total liberdade. No Brasil, a norma culta já fez suas opções, e a linguagem formal vai continuar preferindo as seguintes formas:
   - **aguar**: *eu águo, tu águas, ele água; que eu águe...*
   - **apaniguar**: *eu apaniguo, tu apaniguas, ele apanigua; que ele apanigue...*
   - **apaziguar**: *eu apaziguo, tu apaziguas, ele apazigua; que ele apazigue...*
   - **apropinquar**: *eu apropínquo, tu apropínquas, ele apropínqua; que ele apropínque...*
   - **averiguar**: *eu averiguo, tu averiguas, ele averigua; que ele averigue...*

- ***delinquir*** (defectivo, não tem a 1.ª pessoa do singular do presente do indicativo): *tu delínques, ele delínque...*
- ***desaguar****: eu deságuo, tu deságuas, ele deságua; que ele deságue...*
- ***enxaguar****: eu enxáguo, tu enxáguas, ele enxágua; que ele enxágue...*
- ***obliquar****: eu obliquo, tu obliquas, ele obliqua; que ele oblique...*

2. Em Portugal, o trema já foi abolido há muito tempo. Mesmo assim, há os que sentem sua falta, pois não é raro ouvir, até de jornalistas, a palavra *sequestro* ser pronunciada como "sekestro". Agora, no Brasil, com a queda do trema, não será mais possível saber, pela simples grafia da palavra, se nos grupos **gue**, **gui**, **que** e **qui** o **u** deve ou não ser pronunciado.

Será preciso recorrer ao **Vocabulário Ortográfico**. Sempre que o **u**, nesses grupos, é pronunciado, o **Volp** coloca, depois da palavra, um *ü* entre parênteses: *aguentar* (*ü*), *tranquilo* (*ü*). Quando a pronúncia do **u** é livre, as duas possibilidades são apontadas, como acontece com *antiguidade* (*u* ou *ü*), *líquido* (*u* ou *ü*). É de esperar que essa prática se estenda aos outros dicionários.

3. Até agora escrevíamos *ele argúi* (3.ª pessoa do presente do indicativo) e *eu argüi* (1.ª pessoa do singular do pretérito perfeito do indicativo). Com a nova grafia, teremos *ele argui* e *eu arguí*.

4. O trema somente não fará falta em palavras como *bilíngue* e *água*, já que o acento se justifica exatamente pelo fato de, sendo o **u** pronunciado, tratar-se de palavras paroxítonas terminadas em ditongo (**ue**), o que não ocorre, por exemplo, com *dengue* e *distingue*.

VII. O acento grave (`)

O acento grave continuará a ser empregado única e exclusivamente para assinalar o fenômeno da crase.

O Acordo apresenta os casos:
à, às, àquele(s), àquela(s), àquilo, àqueloutro(s), àqueloutra(s).

VIII. O til (~) nas palavras derivadas

O til não é um acento, mas apenas um sinal diacrítico, usado para indicar a nasalização da vogal. Quando, por meio do sufixo **-mente** ou de qualquer outro sufixo iniciado pela letra **z**, se formar uma palavra derivada a partir de uma primitiva em que exista o til, este deverá ser mantido.

Assim:
irmã > irmãmente, cristã > cristãmente, romã > romãzeira, leão > leãozinho, leões > leõezinhos, órfão > orfãozinho, bênção > bençãozinha.

3 EMPREGO DO HÍFEN

No que diz respeito ao hífen, é mais conveniente não fazer um estudo comparativo com as regras anteriores, já que poucas pessoas tinham conhecimento delas. É mais proveitoso aprender simplesmente como será daqui para frente.

I. O hífen em vocábulos compostos

1. Vocábulos compostos pela justaposição de duas palavras

Separam-se por hífen os vocábulos compostos formados pela justaposição, sem nenhum elemento de ligação, de duas palavras já existentes na língua, as quais, deixando de parte seu significado original, passam a constituir uma nova unidade significativa. Os elementos constitutivos desses compostos podem ser de natureza nominal, adjetival, numeral ou verbal, e o primeiro elemento pode estar reduzido.

Exemplos do Acordo:
ano-luz, arcebispo-bispo, arco-íris, decreto-lei, és-sueste, médico-cirurgião, rainha-cláudia [variedade de ameixa], *tenente-coronel, tio-avô, turma-piloto, alcaide-mor, amor-perfeito, guarda-noturno, mato-grossense, norte-americano, porto-alegrense, sul-africano, afro-asiático, afro-luso-brasileiro, luso-brasileiro, primeiro-ministro, primeiro-sargento, azul-escuro, segunda-feira, conta-gotas, finca-pé, guarda-chuva.*

Observações
- Incluem-se nesta regra as palavras de origem onomatopeica, como *zás-trás, zum-zum, reco-reco, blá-blá-blá...*
- Há casos, porém, em que, apesar da presença de dois elementos componentes, os falantes perderam a noção da composição e, em consequência, passaram a tratar tais

palavras como se fossem vocábulos simples. Nesse caso, os elementos deixam de ser ligados por hífen.

Exemplos do Acordo:
girassol, madressilva, mandachuva, pontapé, paraquedas, paraquedista, etc.

Comentário

Vai ser muito difícil alguém decidir, em alguns casos, se se mantém ou não a noção de composição. Isso parece muito subjetivo. Em caso de dúvida, será sempre bom consultar o **Volp**. Mas é bom saber que também se devem registrar sem hífen os vocábulos derivados dos compostos citados acima, como *girassolzinho*, *mandachuvismo* (não registrado no **Volp**), *pontapear*, *paraquedismo*, *paraquedístico*.

2. Nomes próprios de lugares

Haverá hífen nos nomes próprios de lugares (topônimos) iniciados por **grã**, **grão** ou por um verbo e naqueles cujos elementos são ligados por artigo.

Exemplos do Acordo:
Grã-Bretanha, Grão-Pará;
Abre-Campo, Passa-Quatro,
Quebra-Costas, Quebra-Dentes,
Traga-Mouros, Trinca-Fortes;
Albergaria-a-Velha,
Baía de Todos-os-Santos,
Entre-os-Rios, Montemor-o-Novo,
Trás-os-Montes.

Observações
- É claro que palavras como *grã-fino*, *grão-duque* e *grão-rabino* continuarão a ser escritas com hífen, já que se encaixam na primeira regra.
- Com exceção de *Guiné-Bissau* (grafia consagrada pelo uso), os outros topônimos não terão hífen:

Exemplos do Acordo:
América do Sul, Belo Horizonte, Cabo Verde, Castelo Branco, Freixo de Espada à Cinta, etc.

3. Espécies botânicas ou zoológicas

Grafam-se com hífen os nomes de espécies botânicas ou zoológicas, mesmo que ligados por qualquer elemento.

Exemplos do Acordo:
abóbora-menina, couve-flor, erva-doce, feijão-verde, bênção-de-deus, erva-do-chá, ervilha-de-cheiro, fava-de-santo-inácio, bem-me-quer (nome de planta que também se dá à *margarida* e ao *malmequer*); *andorinha-grande, cobra-capelo, formiga-branca, andorinha-do-mar, cobra-d'água, lesma-de-conchinha, bem-te-vi*.

4. Locuções de qualquer tipo

Nas locuções de qualquer tipo (como *cão de guarda, fim de semana, sala de jantar, cor de vinho, cada um, quem quer que, à vontade, a fim de, acerca de, contanto que*) **não** se emprega em geral o hífen, salvo algumas exceções consagradas pelo uso. O Acordo apresenta, como exemplos dessas "exceções consagradas pelo uso", os seguintes casos: *água-de-colônia, arco-da-velha, cor-de-rosa, mais-que-perfeito, pé-de-meia, ao deus-dará, à queima-roupa.*

Comentário

Essa lista do Acordo é claramente exemplificativa. Cabe, então, perguntar: quais seriam as outras "exceções já consagradas pelo uso"? O que se percebe é que o Acordo pretende suprimir o hífen da maior parte das locuções. Agora só se escreve *dia a dia*, sempre sem hífen, não importando a classe gramatical. O mesmo ocorre com *à toa*, sempre sem hífen. Em relação aos compostos de mais de dois elementos, a regra geral é que só se escrevem com hífen nomes de **plantas** ou **animais** (cf. item 3). Por isso se escrevem agora, sem hífen, por exemplo, *pé de moleque* e *pão de ló*, que evidentemente não são nem planta nem bicho.

5. Encadeamentos vocabulares

O hífen aparece também em encadeamentos vocabulares que constituem combinações ocasionais ou históricas.

Exemplos do Acordo:
*Liberdade-Igualdade-Fraternidade,
ponte Rio-Niterói,
o percurso Lisboa-Coimbra-Porto,
a ligação Angola-Moçambique;
Áustria-Hungria, Alsácia-Lorena,
Angola-Brasil, Tóquio-Rio de Janeiro,* etc.

II. O hífen nos vocábulos em que o primeiro elemento é um prefixo ou falso prefixo

Trata-se dos casos em que o primeiro elemento é um **prefixo** ou um **elemento antepositivo** (de origem latina ou grega) que, geralmente não tendo autonomia na língua, é considerado falso prefixo.

Prefixos citados pelo Acordo:
ante-, anti-, circum-, co-, contra-, entre-, extra-, hiper-, infra-, intra-, pós-, pré-, pró-, sobre-, sub-, super-, supra-, ultra-, etc.

Antepositivos, ou falsos prefixos, citados pelo Acordo:

aero-, agro-, arqui-, auto-, bio-, eletro-, geo-, hidro-, inter-, macro-, maxi-, micro-, mini-, multi-, neo-, pan-, pluri-, proto-, pseudo-, retro-, semi-, tele-, etc.

1. Regra geral

Os prefixos e falsos prefixos separam-se por meio de hífen do segundo elemento quando este começa pela letra **h**.

Exemplos do Acordo:
anti-higiênico, circum-hospitalar, co-herdeiro, contra-harmônico, extra-humano, pré-história, sub-hepático, super-homem, ultra-hiperbólico, arqui-hipérbole, eletro-higrômetro, geo-história, neo-helênico, pan-helenismo, semi-hospitalar.

Exceção

Quando são os prefixos **bi**, **des**, **ex**, **in** e **re** que se juntam a uma palavra iniciada por **h**, não haverá hífen. Nesses casos, a letra

h é suprimida, e os elementos se juntam sem hífen. Então teremos o seguinte procedimento:

Exemplos do Acordo:
bi + hebdomadário = biebdomadário;
des + harmonia = desarmonia;
des + humano = desumano;
ex + haurir = exaurir;
in + hábil = inábil;
re + habilitar = reabilitar;
re + haver = reaver.

2. Prefixo ou falso prefixo terminado em vogal

Quando o **primeiro elemento** for um prefixo ou falso prefixo **terminado em vogal**, haverá hífen:

a) quando, de acordo com a regra geral, o segundo elemento começar por **h**:

Exemplos do Acordo:
anti-herói, co-herdar, geo-hidrografia, neo-hedonismo, semi-hiptonizado, contra-haste, sobre-humano.

> **Comentário**
>
> Apesar de o Acordo trazer entre os exemplos das regras anteriores as palavras *co-herdeiro* e *co-herdar*, a Academia resolveu, em nome da tradição, incluir entre os prefixos da exceção o prefixo **co**. Por isso, o **Volp**, 5.ª edição, registra *coerdeiro, coerdar, coabitar, coabitável...*

b) quando o prefixo ou falso prefixo termina na **mesma vogal** com que se inicia o segundo elemento.

Exemplos do Acordo:
anti-ibérico, contra-almirante, infra-axilar, supra-auricular, arqui-irmandade, auto-observação, eletro-ótica, micro-onda, semi-interno.

Exceções
- O prefixo **co** se liga **sem hífen** a palavras iniciadas por **o**.

Exemplos do Acordo:
*coobrigação, coocupante,
cooperação, cooperar, coordenar.*

- Em nome da tradição, a Academia estende ao prefixo **re** a exceção que o Acordo confere ao prefixo **co**. Por isso, o **Volp**, 5.ª edição, traz *reeditar, reeducar, reeleição, reerguer...*

Observações
- **Não haverá hífen**, portanto, quando o prefixo ou falso prefixo terminar em vogal diferente da vogal inicial do segundo elemento.

Exemplos do Acordo:
antiaéreo, coeducação, extraescolar, aeroespacial, autoestrada, autoaprendizagem, agroindustrial, hidroelétrico, plurianual.

- Quando o prefixo ou falso prefixo terminar em vogal e o segundo elemento começar por **s** ou **r**, não haverá hífen, mas essas letras deverão ser duplicadas.

Exemplos do Acordo:
antirreligioso, antissemita, biorritmo, biossatélite, contrarregra, contrassenha, cosseno, eletrossiderurgia, extrarregular, infrassom, microssistema, microrradiografia, minissaia.

3. Sempre separados por meio de hífen

Sempre serão separados do segundo elemento por meio de **hífen**:

a) os prefixos **ex-**, **sota-**, **soto-**, **vice-** e **vizo-**:

Exemplos do Acordo:
ex-almirante, ex-diretor, ex-hospedeira, ex-presidente, ex-primeiro-ministro, ex-rei, sota-piloto, soto-mestre, vice-presidente, vice-reitor, vizo-rei.

Observação
O **ex** dessa relação indica função ou estado anterior, como em *ex-presidente, ex-marido, ex-drogado*. Não se pode confundi-lo com o **ex** ("movimento para fora", "separação") de *exaurir, exumar, excomunhão*.

b) os prefixos tônicos acentuados graficamente **pós-**, **pré-** e **pró-**, quando o segundo elemento tiver vida à parte:

Exemplos do Acordo:
*pós-graduação, pós-tônico,
pré-escolar, pré-natal,
pró-africano, pró-europeu.*

Observação
As correspondentes formas átonas (**pos**, **pre** e **pro**), porém, ligam-se ao segundo elemento **sem** hífen:

Exemplos do Acordo:
pospor, prever, promover.

Outros exemplos:
*pressupor, prepor, preposto,
prolóquio, promanar.*

c) os prefixos **além-**, **aquém-**, **recém-** e **sem-**:

Exemplos do Acordo:
*além-Atlântico, além-mar, além-fronteiras,
aquém-mar, aquém-Pireneus,
recém-casado, recém-nascido,
sem-cerimônia, sem-número, sem-vergonha.*

Comentário

Na verdade, o Acordo não considera **além**, **aquém**, **recém** e **sem** como prefixos, já que ele trata deste caso no contexto das palavras formadas por composição. Mas isso nada muda em relação ao emprego do hífen.

4. Casos especiais
  a) Os prefixos **hiper-**, **inter-** e **super-** serão separados por hífen quando o segundo elemento começar por **h** ou **r**.

  Exemplos do Acordo:
  hiper-requintado, inter-resistente, super-revista.

Outros exemplos:
hiper-humano, hiper-rancoroso, inter-helênico, inter-relacionar, super-homem, super-reativo.

Comentário

O Acordo não trata de **nuper-** (que significa *recentemente*). Pela grafia até agora em vigor, escrevia-se *nuper-falecido*, *nuper-publicado*. O dicionário *Houaiss* dá **nuper-** como prefixo erudito. Cita, a esse propósito, Rebelo Gonçalves, para quem esse prefixo está "sujeito às mesmas normas gráficas que regulam o emprego de **hiper-, inter- e super-**". Mas o que o **Volp**, 5.ª edição, realmente traz é apenas *nuperfalecido* e *nuperpublicado*. Poderíamos, porém, pensar em *nuper-rescindido, nuper-homenageado*...

b) Os prefixos **circum-** e **pan-** separam-se por hífen quando o segundo elemento começa por **vogal**, **h**, **m** ou **n**:

Exemplos do Acordo:
circum-escolar, circum-murado, circum-navegação, pan-africano, pan-mágico, pan-negritude.

Outros exemplos:
circum-ambiente, circum-hospitalar, pan-americano, pan-helênico, pan-mítico.

c) Quanto a **mal** e **bem**:
- **Mal** separa-se por hífen quando o segundo elemento começa por **vogal** ou **h**:

   Exemplos do Acordo:
   mal-afortunado, mal-estar, mal-humorado.

   Observação
   Escrevem-se, portanto, sem hífen vocábulos como *malcriado,*

*malditoso, malfalante, malmandado,
malnascido, malsoante, malvisto.*

- **Bem** separa-se por meio de hífen do segundo elemento, não importando se este se inicia por **vogal** ou **consoante** (inclusive o **h**):

Exemplos do Acordo:
*bem-aventurado, bem-estar,
bem-humorado, bem-criado,
bem-ditoso, bem-falante,
bem-nascido, bem-mandado,
bem-soante, bem-visto.*

Exceção
Há umas pouquíssimas palavras em que o prefixo **bem** se liga sem hífen ao segundo elemento quando este se inicia por consoante. Podem-se citar:
*bendito, bendizer, benfazejo,
benfeitor, benfeitoria, benquerença*
e *benquisto.*

Comentários

1. O novo Acordo considera **bem** e **mal** não como prefixos ou antepositivos, mas como advérbios e por isso trata deles quando fala de palavras compostas. E cita *bem-me-quer* entre as palavras que exemplificam a regra segundo a qual se grafam com hífen nomes de espécies botânicas ou zoológicas, mesmo que ligados por qualquer elemento. No entanto, o Acordo grafa *malmequer*. Ora, *malmequer*, tanto quanto *bem-me-quer*, é uma espécie botânica e, portanto, deveria ser grafado *mal-me-quer*. Daí ser mais coerente tratar **bem** e **mal** como prefixos, como fazemos aqui.
2. O Acordo não cita expressamente os prefixos **ab-**, **ad-**, **ob-**, **sob-**. Mas no **Volp**, 5.ª edição, encontramos as seguintes grafias: *ab-rogar*, *ad-digital*, *ad-referendar*, *ad-renal*, *ad-rogação*, *ob-reptício*, *ob-rogar*, *sob-roda*.

Pode-se, então, concluir que os prefixos terminados em **b** ou **d** separam-se por meio de hífen do segundo elemento quando este começa por **r** ou por consoante igual à que termina o prefixo.

3. Em relação especificamente ao prefixo **sub-**, deve ficar claro: separa-se por meio de hífen do segundo elemento sempre que este começar por **h**, **r** ou **b**: *sub--base, sub-bibliotecário, sub-hepático, sub-humano, sub-região, sub-reitor, sub-raça, sub-reptício.*

III. Hífen com sufixo

Trata-se dos sufixos de origem tupi-guarani: **-açu**, **-guaçu** e **-mirim**.

Haverá hífen em vocábulos terminados por esses sufixos quando o primeiro elemento acabar em vogal graficamente acentuada ou quando a pronúncia exigir a distinção gráfica dos dois elementos.

Exemplos do Acordo:
*amoré-guaçu, anajá-mirim,
andá-açu, capim-açu, Ceará-Mirim.*

4 AS CONSOANTES MUDAS

Em relação às consoantes mudas, o novo Acordo determina que algumas se conservem, outras sejam eliminadas e outras fiquem de emprego facultativo.

1. **Conservam-se** as que são invariavelmente proferidas nas pronúncias cultas da língua: *compacto, convicção, convicto, ficção, friccionar, pacto, pictural; adepto, apto, díptico, erupção, eucalipto, inepto, núpcias, rapto.*

2. **Eliminam-se** as que são invariavelmente mudas nas pronúncias cultas da língua. As formas eliminadas são as que vêm entre parênteses:
   (*acção*) *ação*, (*accionar*) *acionar*, (*afectivo*) *afetivo*, (*aflicção*) *aflição*, (*aflicto*) *aflito*, (*acto*) *ato*, (*colecção*) *coleção*, (*colectivo*) *coletivo*,

(direcção) direção, (director) diretor, (exacto) exato, (objecção) objeção; (adopção) adoção, (adoptar) adotar, (baptizar) batizar, (Egipto) Egito, (óptimo) ótimo.

3. Fica facultativo:

a) o emprego das consoantes mudas que são proferidas numa pronúncia culta, quer geral, quer restritamente, ou então que oscilam entre pronúncia e omissão: *aspecto/aspeto, cacto/cato, caracteres/carateres, dicção/dição, facto/fato, sector/setor; ceptro/cetro, concepção/conceção, corrupto/corruto, recepção/receção.*

b) e também:
- o **b** dos grupos **bd** e **bt**: *súbdito/súdito, subtil/sutil* e seus derivados;
- o **g** do grupo **gd**: *amígdala/amídala* e derivados;

- o **m** do grupo **mn**:
  *amnistia/anistia, indemne/indene,
  indemnizar/indenizar,
  omnímodo/onímodo;
  omnipotente/onipotente,
  omnisciente/onisciente*;
- o **t** do grupo **tm**:
  *aritmética/arimética,
  aritmético/arimético*.

Observações
Do ponto de vista prático, porém, nós, brasileiros, não temos com que nos preocupar: basta que continuemos a escrever as palavras como as temos escrito até agora!

◆ Continuaremos a empregar **com** as consoantes mudas todas as palavras em que já as empregávamos, como:
   - *abrupto* (ou *ab-rupto*),
     adaptação, aritmética, aspecto;
   - *cacto, capturar, caracteres,
     concepção, corrupto*;

- *defecções, designar, dicção, digno, dogma;*
- *enigma, etnia;*
- *ficcional, fricção;*
- *impacto, impregnar, intelectual, interrupção, invectiva, irrupção;*
- *magnitude;*
- *obter, obtuso, obviar, opção, optar;*
- *paradigma, peremptório, perfeccionismo, pigmento, pragmatismo;*
- *recepção, ritmo;*
- *significado, significar, submeter, submissão;*
- *veredicto.*

◆ Continuaremos a escrever **sem** consoante muda palavras como:
  - *ação, acionar, adoção, adotar, afetivo, aflição, aflito, amídala, anistia, assunção, ato;*
  - *batizar;*
  - *caráter, cetro, coleção, coletivo;*

- *direção, diretor;*
- *Egito, exato;*
- *fato;*
- *indene, indenização, indenizar;*
- *onipotente, onisciente, ótimo;*
- *setor, súdito, sutil.*

Comentário final

Segundo o Acordo, os países signatários deveriam elaborar um Vocabulário Ortográfico comum. Nossa Academia, porém, precipitou-se e lançou o "seu" **Vocabulário Ortográfico**, no qual adota (e isso parece o mais grave) algumas soluções que contrariam frontalmente o que, de modo explícito, preceitua o Acordo. Isso criará, inevitavelmente, problemas para a sonhada unificação. De qualquer modo, parece que, ao menos no Brasil, a Reforma Ortográfica está consolidada.